CONSEJOS ESENCIALES
101

Las ENSALADAS

CONSEJOS ESENCIALES 101

Las

ENSALADAS

Anne Willan

GRUPO ZETA

Javier Vergara
Buenos Aires / Madrid / México / Quito
Santiago de Chile / Bogotá / Caracas / Montevideo

A DORLING KINDERSLEY BOOK

Traducción
Élida L. Smalietis

Coordinadora de realización
Elsa Mateo

Composición
Taller del Sur

Título original: *Making Salads*

Primera edición en Gran Bretaña en 1996
por Dorling Kindersley Limited,
9 Henrietta Street, Londres WC2E 8PS

ESTA ES UNA COEDICION DE JAVIER VERGARA EDITOR, S. A. CON DORLING KINDERSLEY LTD.

Edición especial para América Latina, Estados Unidos y Canadá

ISBN 950-15-1774-8

Primera edición: 1998

Reproducido en Singapur por Colourscan

Impreso y encuadernado en Italia por Graphicom

Nota de la autora: Casi todas las
recetas se pueden condimentar
con sal y pimienta a gusto.

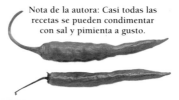

CONSEJOS ESENCIALES

101

PÁGINAS 68 a 72

LOS SECRETOS
DE LAS ENSALADAS

¿QUÉ ENSALADA PREPARAR?

1 LAS ENSALADAS Y LA SALUD

Una ensalada preparada con una equilibrada combinación de ingredientes y un aderezo adecuado constituye la más saludable las comidas. Si se desea reducir el consumo de calorías, se puede optar por ensaladas con poco contenido graso y muchas proteínas.

△ TOMATE
Carece de grasa y de colesterol y su contenido en sodio y carbohidratos es escaso.

◁ LECHUGA
No tiene grasa ni colesterol, es baja en carbohidratos y contiene muy poco sodio.

El apio tiene un alto contenido de sodio

APIO ▷
No contiene colesterol ni grasa y su contenido en carbohidratos es escaso.

INGREDIENTES CON MUCHAS CALORÍAS
Si se sigue una dieta de bajas calorías, habrá que evitar el tocino, las paltas/aguacates, las nueces y los quesos con mucha grasa, y reemplazar la crema agria y la mayonesa por yogur de bajo contenido graso.

PIMIENTOS/MORRONES ▷
Su contenido de sodio es bajo y no tienen colesterol ni grasa.

Los pimientos contienen pocos carbohidratos.

2 ENSALADAS DE ESTACIÓN

Al preparar una ensalada es conveniente aprovechar las verduras de estación, que están en su mejor punto de frescura y sabor. Las espinacas tiernas y los espárragos aparecen en primavera, y pueden usarse en ensaladas con aderezo de panceta/tocino caliente o vinagreta. En verano resultan ideales las ensaladas que contienen tomates maduros o melones. Pueden prepararse deliciosas ensaladas de otoño con hinojos y peras, mientras que durante el invierno tendrá mucha aceptación una ensalada caliente a base de lentejas.

MELÓN ▷
Constituye una buena base para preparar ensaladas frías en los meses de verano, especialmente si se acompañan con tomates "cherry".

ESPINACA △
En primavera resulta ideal una ensalada de espinacas frescas con tocino y aderezo de vinagre de vino tinto.

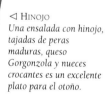

◁ HINOJO
Una ensalada con hinojo, tajadas de peras maduras, queso Gorgonzola y nueces crocantes es un excelente plato para el otoño.

◁ REPOLLO/COL COLORADO
Durante los meses de invierno, una ensalada cremosa de repollo/col blanco y colorado es estupenda para servir con carnes frías.

Ingredientes de estación

Primavera	Verano	Otoño	Invierno
Espinaca tierna	Tomate	Hinojo	Lentejas
Lechuga	Melón	Pera	Col china
Espárragos	Palta/aguacate	Apio-nabo	Repollo blanco
Papa nueva	Mango	Remolacha	Repollo colorado
Cebolla de verdeo	Pepino	Canónigos	Endivia
Berro	Pimientos/morrones	Pomelo	Apio

3 ENSALADAS COMO PRIMER PLATO

No existen reglas estrictas que indiquen en qué parte del menú se debe servir una ensalada; en general, para un primer plato son ideales las ensaladas simples, como la ensalada jardín, la griega, la de verduras otoñales, la vinagreta de puerros o de espárragos, la de mozzarella con tomate, la mediterránea, la de langostinos con zapallitos y la de repollo.

ENSALADA DE VERDURAS OTOÑALES

ENSALADA MEDITERRÁNEA

4 ENSALADAS COMO PLATO PRINCIPAL

Las ensaladas como plato principal generalmente llevan carne o pescado, son más sustanciosas y las porciones son más abundantes. Excelentes platos principales son la ensalada Niçoise, la de atún fresco Niçoise y las de pollo Waldorf, las de pastas con vieiras o mejillones, y la tropical o Teriyaki con pollo. Pueden servirse solas o acompañadas de una ensalada simple de lechuga y otras verduras de hoja, aderezada con vinagreta.

ENSALADA NIÇOISE

Ingredientes de las ensaladas

5 Ingredientes básicos

En la mayoría de las recetas de este libro se usan las variedades comunes de lechuga, y vegetales verdes como la espinaca y el repollo, pero la gama de ingredientes que pueden incluirse es amplia. El sabor de los platos se realza si se incorporan hierbas frescas en el aderezo o directamente en la ensalada.

Otros ingredientes
A una ensalada de hojas se le pueden agregar hierbas, champiñones, aceitunas, hinojo y pasas de uva.

6 El equipo básico

Para preparar ensaladas se necesita muy poco equipamiento, pero es fundamental contar con algunos elementos básicos: un cuchillo afilado de cocinero para picar, un cuchillo de hoja fina para cortar pescados y pepino, un cuchillo pequeño para cortar las verduras, un colador para escurrirlas y un batidor para preparar los aderezos.

Cuchillo de cocinero

Cuchillo de hoja fina

Cuchillo pequeño

7 VERDURAS DE HOJA

Con la extensa variedad de verduras de hoja que se pueden conseguir durante todo el año, nunca faltarán ingredientes apetitosos a la hora de preparar una ensalada. Cada combinación tiene su propio sabor, por lo tanto es importante equilibrar bien los ingredientes para lograr la armonía de color, sabor y textura que garantiza el éxito de una buena ensalada.

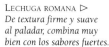

LECHUGA ROMANA ▷
De textura firme y suave al paladar, combina muy bien con los sabores fuertes.

ENDIVIAS △
Frescas y crocantes, son un excelente acompañamiento para las paltas/aguacates.

△ LECHUGA ARREPOLLADA
Sus hojas crujientes resultan ideales para casi todas las ensaladas.

◁ ESCAROLA
También conocida como escarola ancha o batavia, tiene un sabor intenso y definido.

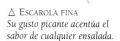

△ ESCAROLA FINA
Su gusto picante acentúa el sabor de cualquier ensalada.

ESCAROLA COLORADA △
La escarola colorada mantiene su gusto dominante aun entre otros sabores fuertes.

△ LECHUGA FRANCESA.
*Sus hojas dan un toque de color a
cualquier ensalada.*

△ ESCAROLA RIZADA
*Como la escarola fina,
tiene un dejo penetrante
que contrasta bien con
otros sabores.*

△ CANÓNIGOS
*De textura delicada, es el
complemento perfecto para las verduras
de hoja de gusto más intenso.*

RÚCULA/RUQUETA △
*La rúcula, picante al
paladar, resulta ideal
para acompañar carnes
de sabor fuerte.*

◁ LECHUGA
RIZADA MORADA
*Su sabor particular se
destaca entre todos los
demás.*

△ BERRO
*Conviene usarlo con
moderación por su
pronunciado sabor agreste.*

8 Cómo lavar y secar las verduras

Es importante lavar bien las hojas para quitar los restos de arenilla o tierra y para que estén más crujientes a la hora de servir; para ello, sumergirlas en un recipiente con agua fría y dejarlas durante unos minutos. Las verduras de hoja se pueden preparar con anticipación: después de lavarlas y secarlas, envolverlas con cuidado en papel de cocina y guardarlas en el refrigerador de una a dos horas.

1 △ Sacudir bien las hojas para quitarles toda la suciedad. Retirarlas del agua y enjuagarlas bajo el agua corriente fría.

2 ▷ Cortar con la mano las hojas grandes en dos o tres trozos. Secarlas en un centrifugador giratorio de ensaladas o con papel de cocina.

9 Centrifugador de ensaladas

Como las hojas mojadas diluyen los aderezos y no resultan tan crujientes, es importante secarlas bien. Lo mejor es hacerlo con un centrifugador giratorio de ensaladas, que las secará de manera sencilla y efectiva.

Centrifugador de ensaladas

$\underline{10}$ CÓMO CORTAR LA ESCAROLA RIZADA

La escarola rizada, la fina y las variedades de lechuga romana y morada tienen un tronco sólido que debe quitarse. Con un cuchillo afilado, cortar el extremo del tronco y retirarlo por completo; desechar las hojas exteriores marchitas y ásperas. Lavar muy bien las hojas interiores, pues tienen arenilla y tierra. Secarlas bien antes de servir.

Retirar el tronco con un corte profundo

$\underline{11}$ CÓMO CORTAR LAS ENDIVIAS

El centro de las endivias suele ser amargo y hay que quitarlo antes de preparar la ensalada. Con un cuchillo pequeño bien afilado, cortar el centro con un movimiento circular, evitando dañar las hojas interiores.

Cortar alrededor del centro

EXTRACCIÓN DEL CENTRO DE LAS ENDIVIAS

$\underline{12}$ CÓMO PREPARAR EL AJO

Para separar los dientes de ajo, comenzar aplastando la cabeza de ajo con el puño. Luego, aplastar suavemente cada diente con la parte plana de la hoja de un cuchillo de cocinero para aflojar la cáscara. Quitar la cáscara con los dedos. Picar bien el ajo con un cuchillo de cocinero moviendo la hoja hacia adelante y hacia atrás.

APLASTAR EL AJO

13 HIERBAS ESENCIALES

Las hierbas frescas acentúan el sabor de las ensaladas, y se pueden usar para complementar o realzar el gusto de los ingredientes, o bien para decorar. Todas las hierbas resultan más sabrosas si se las cosecha frescas, en verano.

MENTA ▷
De sabor intenso, puede usarse en aderezos o para decorar.

CEBOLLÍN/ CIBOULETTE ▷
Es una variedad suave de la cebolla; hay que usarlo con moderación.

ALBAHACA △
Sus hojas, de acentuado sabor, son ideales para acompañar los tomates.

PEREJIL ▷
Rico en vitaminas y minerales, se utiliza mucho para aromatizar y decorar.

CORIANDRO △
Sus hojas tienen un sabor amargo y agreste.

ESTRAGÓN ▷
El estragón, dulce y aromático, combina muy bien con pollo.

14 CÓMO PICAR LAS HIERBAS

La mayoría de las hierbas se pican gruesas o finas inmediatamente antes de agregarlas a otros ingredientes. Las hierbas delicadas, como el estragón, se machucan fácilmente, de modo que no se las debe picar demasiado. Separar las hojas de los tallos y colocarlas en una tabla de picar. Usando ambas manos, mover el filo del cuchillo hacia atrás y hacia adelante hasta lograr la textura deseada.

Usar un cuchillo afilado para no machucar las hojas

15 PIMIENTOS/MORRONES

Todos los pimientos sin madurar son verdes, pero ya maduros presentan diferentes tonalidades: cuanto más maduro y colorido esté el pimiento, más dulce y más suave será su sabor. Tienen una textura agradable.

◁ PIMIENTO BLANCO
De sabor suave, es un ingrediente original para cualquier ensalada.

PIMIENTO NEGRO ▷
No muy fácil de conseguir, añade color a toda ensalada.

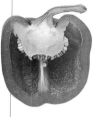

△ PIMIENTO ROJO
Cuando está maduro es dulce y suculento.

PIMIENTO AMARILLO
Tiene un delicioso sabor dulce.

◁ PIMIENTO VERDE
El pimiento verde maduro tienen un sabor picante y acre.

16 CÓMO PREPARAR LOS PIMIENTOS/MORRONES

El centro es la única parte no comestible del pimiento. Para quitarlo, cortar alrededor del cabo con un cuchillo afilado; sostener firmemente el cabo y girarlo mientras se tira del pimiento con la otra mano. Cortar el pimiento en aros, o bien a lo largo por la mitad y luego en tiras o, si se desea, picarlo en trozos pequeños.

1 ◁ Para cortar un pimiento en cubos, partirlo por la mitad a lo largo. Retirar todas las semillas y los bordes blancos.

2 △ Colocar cada mitad hacia abajo y aplastarlo con la mano. Cortar las mitades a lo largo en tiras finas, luego cortar las tiras en el tamaño deseado. Para que la tarea resulte más fácil y efectiva, usar un cuchillo de cocinero bien afilado.

17 AJÍES/CHILES

Los ajíes tienen un sabor variado, que va de regular a muy fuerte. Como regla general, cuanto más pequeño es el ají, más picantes el sabor. Deben usarse con moderación, pues su particular sabor intenso impregnará a los otros ingredientes.

△ AJÍES/CHILES JALAPEÑOS
Los jalapeños verdes son una de las variedades más picantes.

AJÍES/CHILES SERRANOS ▷
Como todos los ajíes/chiles pequeños, los serranos rojos son muy picantes y contrarrestan cualquier otro sabor.

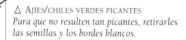

△ AJÍES/CHILES VERDES PICANTES
Para que no resulten tan picantes, retirarles las semillas y los bordes blancos.

18 CÓMO PREPARAR LOS AJÍES/CHILES

Los ajíes se agregan a los aderezos de vinagreta para condimentar ensaladas de porotos/frijoles y muchas otras. Hay que quitarles las semillas y los bordes blancos, que son las partes más picantes. Como precaución, se deben usar guantes de goma cada vez que se manipulan los ajíes frescos o secos, pues contienen aceites volátiles que pueden irritar o quemar la piel y los ojos.

1 Cortar el ají por la mitad a lo largo. Quitarle todas las semillas y los bordes blancos.

2 Cortar las mitades en tiras finas con un cuchillo pequeño bien afilado.

3 Juntar las tiras y cortarlas en trozos muy pequeños.

19 TOMATES

Junto con las verduras de hoja, los tomates constituyen la base de muchas ensaladas; agregan sabor y color a los platos y también son ideales para decorar.

△ TOMATE COMÚN
Generalmente se sirve cortado en forma de cuñas.

△ TOMATE PERITA
Tiene una consistencia carnosa y de dulce sabor.

◁ TOMATE GIGANTE
La mejor forma de presentarlo es en rodajas.

△ TOMATES "CHERRY"
Pequeños y dulces, se pueden servir enteros o en mitades.

20 CÓMO PELAR UN TOMATE

La única manera de pelar un tomate sin arruinar su carne es la siguiente: sumergirlo en agua hirviendo y dejarlo unos 15 segundos, según su madurez. En cuanto la cáscara comience a desprenderse, retirar y dejar enfriar. Pelar el resto de la cáscara con los dedos o con un cuchillo pequeño.

1 Cortar el centro con un cuchillo pequeño.

2 Hacer un ligero corte en la base y sumergirlo en agua hirviendo.

3 Poner en agua de 8 a 15 segundos, retirar, dejar enfriar y pelar.

21 VEGETALES ESENCIALES

Los vegetales se utilizan en un gran número de recetas de ensaladas. Los de raíz, como las papas, se deben hervir antes de agregarles el aderezo, aunque las zanahorias y los champiñones pueden servirse crudos o cocidos. Las cebollas de verdeo, los pepinos y el apio se sirven crudos.

△ CHAMPIÑONES

△ PAPA

△ CHALOTES

△ PUERROS

PEPINO ▷

◁ REPOLLO/COL

◁ ZAPALLITOS LARGOS/CALABACITAS

APIO-NABO △

22 CÓMO PREPARAR LAS REMOLACHAS

Por lo general, las remolachas se comen cocidas. Lavar las remolachas y hervirlas hasta que estén tiernas (alrededor de 1 a 1_ hora, según el tamaño); comprobar con la punta de un cuchillo. Escurrirlas bien y dejarlas enfriar. Cuando estén frías, pelarlas con los dedos y cortar las raíces y las puntas.

23 CÓMO PICAR LOS CHALOTES

Separar los chalotes en gajos. Si se desean láminas de grosor mediano, cortarlas de unos 3 mm de espesor; si se los va a picar fino, cortar las láminas tan delgadas como sea posible.

1 △ Pelar la cáscara rugosa exterior. Colocar un gajo en una tabla de picar, sostenerlo firmemente y cortar horizontalmente hacia la raíz, desde una punta a la otra.

2 △ Rebanar verticalmente desde arriba hacia abajo sin cortar la punta de la raíz. Luego rebanar en sentido contrario hasta lograr el tamaño deseado.

24 CÓMO PREPARAR LAS ZANAHORIAS

Combinadas con otras verduras como guarnición, las zanahorias crudas son un ingrediente importante de una gran variedad de ensaladas. Para mantenerlas frescas se pueden guardar peladas en el refrigerador.

ZANAHORIAS RALLADAS
Limpiarlas, pelarlas y pasarlas por los agujeros gruesos del rallador.

CINTAS DE ZANAHORIA
Deslizar suavemente el pelapapas a lo largo de la zanahoria, formando rizos.

INGREDIENTES DE LAS ENSALADAS

25 LA CARNE EN LAS ENSALADAS

El agregado de carne hace que una ensalada sea más suculenta. Se pueden usar diferentes tipos de carne, como pollo hervido desmenuzado, pavo ahumado, pechuga de pollo marinada, rodajas de salchichas calientes, tiras finas de bifes de cuadril marinados, lonjas de jamón de Parma o de jamón ahumado de Westfalia y panceta/tocino picado que, combinados con las verduras de la ensalada, darán como resultado un plato muy apetitoso.

POLLO TERIYAKI

26 EL PESCADO EN LAS ENSALADAS

Al igual que la carne, el pescado agrega consistencia y sabor a las ensaladas. Son ideales el salmón, la trucha y el atún, hervidos, fritos/salteados o asados en el grill, y también los mariscos como langostinos, vieiras y mejillones, hervidos o fritos/salteados. Pueden usarse marinadas para realzar el sabor. El pescado, como la anchoa, por ejemplo, tiene un gusto intenso, de modo que es importante usarlo con moderación para que no impregne el sabor de los demás ingredientes.

ENSALADA DE ATÚN FRESCO NIÇOISE

27 LAS FRUTAS SECAS EN LAS ENSALADAS

Las frutas secas dan a las ensaladas una particular textura crocante. Las nueces, avellanas, almendras y pacanas tostadas, y los maníes sin sal pelados y asados son apenas algunas de las diferentes variedades que se pueden incluir. La mayoría de las frutas secas se sirven crudos, pero también se los puede tostar para disfrutar su pleno sabor.

ENSALADA DE ARROZ DE LA INDIA

22

28 EL QUESO EN LAS ENSALADAS

El Parmesano, el Feta, la mozzarella, y los quesos azules como el Gorgonzola, el Stilton y el azul danés realzan las ensaladas con un toque ligeramente salado, pero deben añadirse con moderación, de lo contrario su sabor dominante impregnará los demás ingredientes.

△ MOZZARELLA
Cortada en rebanadas, la mozzarella suave es el complemento ideal de los tomates perita.

△ RICOTTA
Es excelente mezclada con hierbas o nueces y acompañada de hojas de lechuga.

△ PARMESANO
Para acentuar el sabor, rallar quesos duros como el Parmesano y espolvorearlos sobre la ensalada.

29 CÓMO PELAR UN HUEVO

Picados, en rebanadas o pasados por el cedazo, los huevos duros son un atractivo acompañamiento para todo tipo de ensaladas como ingrediente principal o como guarnición. Para preparar un huevo duro, colocarlo en un recipiente y cubrirlo con agua fría; llevarlo al fuego y dejarlo hervir durante 10 minutos.

1 Una vez cocido, sumergirlo en agua fría. Golpearlo o hacerlo rodar sobre una superficie plana para quebrar la cáscara.

2 Quitar la cáscara cuidadosamente sin dañar la clara. Enjuagarlo con agua fría y secarlo con papel de cocina.

30 LAS PASTAS EN LAS ENSALADAS

La suave y consistente textura de la pasta agrega volumen a las ensaladas y complementa los ingredientes de gusto más intenso como la carne o el pescado. Para realzar el sabor, servir con un aderezo de vinagreta de hierbas bien aromáticas y espolvorear con queso Parmesano como toque final.

△ CONCHIGLIE

FUSILLI ▷

△ PENNE

FARFALLE ▷

31 LAS FRUTAS EN LAS ENSALADAS

Con los cítricos, particularmente los limones, las ensaladas adquieren un delicioso sabor ácido, pero casi todas las frutas constituyen un ingrediente muy refrescante: los higos frescos, las manzanas, las frambuesas, los mangos y los melones quedan exquisitos (*véase p. 47: Mantener frescas las frutas*).

◁ POMELO
Su intenso gusto combina perfectamente con la pulpa suave de la palta/aguacate.

HIGOS ▽
El sabor dulce de los higos frescos resulta ideal con ingredientes fuertes como el queso.

△ MANZANA
Las crujientes tajadas son un excelente complemento para la lechuga y el pepino.

△ MANGO
Los cubos de mango acompañan muy bien los platos con pollo.

32 CÓMO CORTAR UNA PALTA/AGUACATE

Antes de cortar la palta en rodajas hay que quitar el carozo y la cáscara. Comenzar cortándola a lo largo por la mitad. Retirar el carozo con un cuchillo afilado de cocinero (*ver abajo*) o con una cuchara. Pelar con un cuchillo.

1 Girar la palta con ambas manos para aflojar las mitades y separarlas con cuidado.

2 Con un golpecito, clavar el filo en el carozo y girar para despegarlo de la pulpa.

3 Cortar la palta en cuartos y retirar la cáscara usando un cuchillo pequeño afilado.

33 CÓMO DESPEPITAR LAS UVAS

Existen muchas variedades de uva sin semilla, pero si no se consiguen, es necesario quitar las semillas antes de servirlas.

EXTRACCIÓN DE LAS SEMILLAS
Cortar cada uva por la mitad y retirar las semillas con la punta de un cuchillo pequeño.

34 CÓMO CORTAR LOS CÍTRICOS

Para cortar en gajos un pomelo o una naranja, rebanar los extremos. Colocar la fruta en posición vertical y desde arriba cortar la cáscara, la piel blanca y el hollejo. Hacer un corte a lo largo de la membrana para separar la pulpa y un segundo corte en la membrana del otro lado; extraer el gajo.

FRUTA PELADA Y CORTADA EN GAJOS

CÓMO ADEREZAR LAS ENSALADAS

35 ELECCIÓN DEL ADEREZO

El secreto de una buena ensalada consiste en combinar bien el aderezo con los ingredientes. Como regla básica, conviene usar un aderezo de vinagreta suave para los sabores sutiles y delicados, y uno más intenso y consistente para los sabores fuertes.

36 ¿QUÉ VINAGRE USAR?

Al preparar una vinagreta se puede elegir entre una amplia variedad de vinagres, como el de vino tinto, el de vino blanco, el de jerez, el de manzana, el de vino de arroz, e incluso el de champagne. El vinagre balsámico le da al aderezo un robusto sabor frutal; también se puede usar vinagre de vino aromatizado con hierbas y especias.

VINAGRE BALSÁMICO   VINAGRE DE CHAMPAGNE    VINAGRES DE VINO

37 CÓMO PREPARAR VINAGRE DE HIERBAS

Para 750 ml de vinagre

Ingredientes
1 ramito de estragón o albahaca frescos, ó 5-7 ramitas de romero o tomillo frescos, o cualquier otra combinación de hierbas
750 ml de vinagre de vino blanco

1 Poner las hierbas en una tabla de picar y aplastarlas 5 ó 6 veces con un palo de amasar para que suelten la esencia. Colocarlas en un frasco esterilizado.
2 Llevar el vinagre a punto de hervor y verterlo sobre las hierbas. Dejar enfriar, tapar herméticamente el frasco y guardarlo en un lugar fresco durante 2 semanas como mínimo.
3 Colar el vinagre con una muselina o un filtro de papel y verterlo en otro recipiente.

38 ¿QUÉ ACEITE USAR?

Cada aceite tiene su sabor característico, por eso es importante tener en cuenta con qué ingredientes se lo va a combinar. El aceite de maní/cacahuete es liviano, el de oliva, intenso; los de nuez y avellana son ásperos, y los de girasol y cúrcuma apenas tienen sabor. Para lograr una intensidad mediana, combinar aceites como el de cúrcuma y el de avellana.

ACEITES DE OLIVA EXTRA VIRGEN
El aceite de oliva se clasifica según su grado de acidez. El extra virgen es el menos ácido; el virgen, el más ácido.

ACEITES DE OLIVA CON AGREGADOS
Algunos aceites de oliva extra virgen italianos contienen limón o trufas; los aceites franceses generalmente tienen hierbas.

39 CÓMO PREPARAR ACEITE DE HIERBAS

Para 750 ml de aceite

Ingredientes
1 ramito de estragón o albahaca frescos, ó 5-7 ramitas de romero o tomillo frescos
750 ml de aceite de oliva extra virgen

1 Poner las hierbas en una tabla de picar y aplastarlas 5 ó 6 veces con un palo de amasar para extraerles todo el sabor. Colocarlas en una botella de vidrio limpia o en un frasco con tapa hermética.
2 Verter el aceite en el frasco, tapar herméticamente y dejar reposar en un lugar fresco durante una o dos semanas antes de usar.

40 CÓMO PREPARAR UNA VINAGRETA

La receta básica de un aderezo de vinagreta consiste en mezclar una parte de vinagre con tres de aceite, pero esa proporción puede variar según el gusto y los ingredientes que se utilicen. También se le pueden agregar hierbas frescas como romero o tomillo.

1 En un recipiente pequeño, batir 60 ml (4 cucharadas) de vinagre con sal y pimienta. Si se desea un aderezo más fuerte, añadir 10 ml (2 cucharaditas) de mostaza Dijon o de otra variedad.

2 Incorporar gradualmente y de manera uniforme 180 ml (12 cucharadas) de aceite mientras se bate para que la mezcla se emulsione y comience a espesar. Condimentar a gusto.

41 CONSERVACIÓN DE LA VINAGRETA

Una vinagreta básica de aceite, vinagre, mostaza y condimento, guardada en un recipiente herméticamente cerrado y a temperatura ambiente, se mantiene fresca aproximadamente durante una semana. Cuando se la vaya a utilizar, verterla en otro recipiente y agregarle los ingredientes que se necesiten.

42 QUÉ AGREGAR A LA VINAGRETA

ACEITE DE OLIVA EXTRA VIRGEN

Además de las hierbas como el romero, el tomillo, la menta, el orégano, el cebollín, el perejil y el estragón, existe una amplia gama de ingredientes que se pueden utilizar para realzar el sabor de un aderezo de vinagreta básico: el agregado de ajo, chalotes, ajíes/chiles, rábano picante, nueces, miel, granos o purés de frutas silvestres da estupendos resultados.

43 ADEREZO DE AJÍES/CHILES
Para 250 ml de aderezo

Ingredientes
125 ml de vinagre de manzana
2,5 ml (½ cucharadita) de comino molido
3 ajíes/chiles verdes frescos
1 ramito de coriandro fresco
125 ml de aceite de cúrcuma

1 Batir el vinagre, el comino, sal y pimienta.
2 Preparar los ajíes/chiles (*véase p. 18*); agregarlos a la mezcla. Picar el coriandro.
3 Incorporar gradualmente el aceite de cúrcuma batiendo para emulsionar la vinagreta.
4 Añadir el coriandro.

44 ADEREZO PICANTE DE SOJA
Para 275 ml de aderezo

Ingredientes
2 cm de raíz de jengibre
2 ajíes/chiles
2 dientes de ajo
10 ml (2 cucharaditas) de azúcar
60 ml (4 cucharadas) de vinagre de vino de arroz
125 ml de salsa de soja
60 ml (4 cucharadas) de aceite de maní/cacahuete
30 ml (2 cucharadas) de aceite de sésamo

1 Colocar en un recipiente el azúcar, el vinagre y la pimienta. Pelar el jengibre, cortarlo, aplastarlo, picarlo finamente e incorporar. Preparar los ajíes/chiles (*véase p. 18*) y el ajo (*véase p. 15*) y agregarlos a la mezcla. Añadir la salsa de soja.

2 Incorporar poco a poco los aceites de maní/cacahuete y de sésamo mientras se bate para emulsionar y espesar el aderezo. Condimentar a gusto.

Batir mientras se incorpora el aceite de maní/cacahuete

Con el aceite de sésamo el aderezo adquiere un sabor particular.

45 ADEREZO DE SEMILLAS DE AMAPOLA
Para 200 ml

Ingredientes
½ cebolla pequeña
45 ml (3 cucharadas) de
vinagre
15 ml (1 cucharada) de miel
Mostaza y jengibre
150 ml de aceite
15 ml (1 cucharada) de
semillas de amapola

1 Rallar la cebolla sobre un recipiente. Agregarle el vinagre, la miel, 2,5 ml (½ cucharadita) de mostaza en polvo y 1,25 ml (¼ cucharadita) de jengibre molido. Batir todo enérgicamente. Sazonar.

2 Incorporar poco a poco el aceite batiendo para emulsionar y espesar la vinagreta. Agregar las semillas de amapola al recipiente y volver a batir. Verificar el sazonado.

46 MAYONESA
Para 375 ml

Ingredientes
2 yemas de huevo
30 ml (2 cucharadas) de
vinagre de vino blanco, o 15 ml
(1 cucharada) de jugo de limón
5 ml (1 cucharadita) de
mostaza Dijon (optativo)
300 ml de aceite de
maní/cacahuete o de oliva

1 En un pequeño recipiente batir la mitad del vinagre o del limón, las yemas de huevo y la mostaza hasta espesar. Condimentar a gusto.

2 Incorporar gota a gota 30 ml de aceite, batiendo constantemente. Añadir lentamente el resto del aceite y el vinagre. Sazonar.

47 QUÉ AGREGAR A LA MAYONESA

La mayonesa es la base de una amplia gama de aderezos. Para preparar el mil islas, añadirle ketchup, salsa de ají/chile, pimiento verde, pimentón y cebollín; para preparar salsa tártara, pepinillos en vinagre picados, chalotes, alcaparras, perejil y estragón. También se pueden lograr exquisitas variantes de mayonesa añadiendo hojas picadas de perejil, berro o espinaca, crema o ajo.

QUESO ROQUEFORT
Desmenuzarlo y mezclarlo con la mayonesa.

48 ADEREZO DE FRAMBUESAS
Para 200 ml

Ingredientes
75 g de frambuesas frescas
75 ml (5 cucharadas) de vinagre de frambuesas
75 ml (5 cucharadas) de mayonesa
30 ml (2 cucharadas) de crema doble
15 ml (1 cucharada) de aceite de avellanas

PREPARACIÓN DEL PURÉ
No hay que desperdiciar el puré de frambuesas que queda en el fondo del cedazo.

1 Lavar las frambuesas y ponerlas en un cedazo sobre un recipiente. Empujarlas a través del cedazo presionando con una cuchara para hacer un puré. Retirar toda la pulpa colada del fondo del cedazo.
2 Agregar al puré el vinagre, la mayonesa, la crema y el aceite. Batir todo hasta que se mezcle bien; sazonar a gusto.

49 ADEREZO RUSO

El aderezo ruso se utiliza para acompañar el caviar, de ahí su nombre, y se sirve con ensaladas, pescado y carnes frías. Para prepararlo, mezclar 375 ml de mayonesa, 60 ml de salsa ketchup, 1 echalote picado, 60 ml de pepinillos en vinagre picados, 5 ml de rábano picante rallado y unas gotas de salsa Tabasco. Sazonar.

50 ADEREZOS DE CREMA

Existe un grupo de aderezos originarios del norte de Europa y Estados Unidos que, a diferencia de la mayonesa o la vinagreta, que contienen aceite, están hechos a base de leche o de crema. El más común es el aderezo de crema inglés. Para prepararlo, pasar 2 yemas de huevo duro por un cedazo colocado sobre un recipiente. Agregar una yema cruda y 5 ml (1 cucharadita) de agua y mezclar. Incorporar lentamente y de manera uniforme 125 ml de crema doble, revolviendo constantemente. Sazonar a gusto con sal y pimienta. Saborizar con 15 ml de jugo de limón o vinagre aromatizado.

51 ADEREZO DE CREMA AGRIA
Para 725 ml

Ingredientes
*30 ml (2 cucharadas)
de azúcar
250 ml de crema agria
175 ml de vinagre
10 ml (2 cucharaditas)
de mostaza en polvo
10 ml (2 cucharaditas)
de semillas de
alcaravea
250 ml de mayonesa*

1 ◁ En un recipiente colocar el azúcar, la crema agria y el vinagre; añadir la mostaza y las semillas de alcaravea y sazonar a gusto. La crema agria hace que el aderezo se espese.

La mostaza en polvo es un buen condimento para el aderezo.

Las semillas de alcaravea agregan consistencia.

2 ◁ Batir todos los ingredientes hasta que estén bien unidos. Agregar la mayonesa y seguir batiendo. Condimentar a gusto.

52 CACIK
Para 725 ml

Ingredientes
*2 pepinos pequeños,
aproximadamente ¼ kg
3 dientes de ajo
1 ramito de menta
fresca
2,5 ml (½ cucharadita)
de coriandro molido
1,25 ml
(¼ cucharadita) de
comino molido
500 ml de yogur natural*

TZATZIKI
*La versión griega
del cacik se llama
tzatziki. Para
prepararlo,
proceder igual que
para el cacik, pero
usar sólo 1 pepino
pequeño y
sustituir la menta
por un ramito de
eneldo fresco bien
picado.*

MENTA

1 Limpiar y pelar los pepinos, cortarlos a lo largo por la mitad, quitarles las semillas y cortarlos en dados pequeños. Ponerlos en un colador, espolvorearlos con sal y revolver. Dejarlos reposar de 15 a 20 minutos. Picar el ajo finamente y las hojas de menta en trozos más grandes.

2 Colocar los pepinos en un recipiente. Agregar ajo, menta, coriandro, comino y yogur. Revolver bien y sazonar a gusto. Dejar en el refrigerador durante 2 horas.

53 ADEREZO COCIDO

Para preparar el aderezo cocido norteamericano, mezclar en una cacerola 20 g de harina, 5 ml de mostaza en polvo, 15 ml de azúcar, una pizca de pimienta de cayena y 2 yemas de huevo.

Incorporar 20 g de manteca/ mantequilla derretida, 175 ml de leche y 60 ml de vinagre de vino. Cocinar a fuego lento hasta que espese, revolviendo continuamente.

ENSALADAS CLÁSICAS

54 ENSALADA JARDÍN COLORIDO
Para 8 porciones

Ingredientes
*1 escarola colorada, de
alrededor de 150 g
2 endivias,
aproximadamente 150 g
1 escarola rizada pequeña, de
alrededor de 300 g
125 g de canónigos
125 g de ruqueta/rúcula
5-7 ramitas de perejil fresco
5-7 ramitas de albahaca fresca
5-7 ramitas de estragón fresco
1 manojo pequeño de
cebollín/ciboulette fresco
Aderezo de vinagreta
Flores comestibles (opcional)*

1 Quitar las hojas exteriores marchitas de la escarola colorada y cortarle el tronco; separar, lavar y secar las hojas. Extraer el centro de las endivias y cortar las hojas en diagonal. Retirar el tronco de la escarola rizada y descartar las hojas exteriores.

2 Con los dedos, quitar las pequeñas raíces de canónigos sin separar las hojas; lavar y secar bien. Separar de los cabos las hojas de perejil, albahaca y estragón.

3 Quitarle las flores al cebollín y cortarlo en trozos de 2,5 cm de largo. Colocar todos las verduras en un recipiente y mezclarlas. Añadir las hierbas. Preparar el aderezo de vinagreta (*véase p. 28*), batirlo bien y rociarlo sobre la ensalada.

4 Mezclar bien la ensalada, levantando y dejando caer una porción de hojas; girar la ensaladera y repetir el procedimiento hasta que el aderezo cubra todas las hojas. Probar para verificar el sazonado.

55 FLORES COMESTIBLES

Algunas flores son tóxicas, de modo que se deben consumir únicamente las que se vendan en los comercios destinados a tal efecto. Si son del propio jardín, elegir las variedades comestibles bien conocidas, como la madreselva o la caléndula, cultivadas sin insecticidas u otras sustancias.

PENSAMIENTO

MASTUERZO

BORRAJA

PRESENTACIÓN
Añadir a la ensalada la variedad de flores comestibles que se desee y servir de inmediato, mientras las hojas estén frescas.

35

56 CÓMO PICAR LOS TOMATES

Siempre conviene elegir los tomates más maduros, que tienen más sabor. Lavarlos con cuidado. Con la ayuda de un cuchillo pequeño, retirarles el centro. Cortarlos en ocho gajos o cuñas, luego cortar cada cuña por la mitad. Los trozos de tomate combinan bien con el color de otros ingredientes, sobre todo en una ensalada griega.

57 ENSALADA GRIEGA
6-8 porciones

Ingredientes
2 pepinos pequeños
2 pimientos/morrones verdes
1 cebolla colorada mediana
175 g de queso Feta
1 kg de tomates
Aderezo de vinagreta de hierbas
125 g de aceitunas

1 Pelar los pepinos y cortarlos por la mitad a lo largo; retirar las semillas con una cuchara. Cortar las mitades en trozos de 1,25 cm.

2 Extraer el centro de los pimientos, partirlos por la mitad y retirar las semillas y los bordes blancos; cortarlos en trozos pequeños.

3 Pelar la cebolla colorada. Cortar un extremo para poder colocarla bien en la tabla de picar y rebanarla en aros delgados.

4 Cortar en trozos el queso Feta y los tomates.

5 Colocar los tomates, los pepinos, los pimientos y los aros de cebolla en un recipiente. Preparar el aderezo de hierbas (*véase p. 28*) con aceite, perejil, menta, orégano y vinagre de vino tinto; rociarlo sobre la ensalada.

6 Mezclar bien los ingredientes con una cuchara larga. Incorporar las aceitunas y el queso Feta y revolver suavemente.

PRESENTACIÓN
Antes de servir, dejar que los sabores se mezclen por espacio de 30 minutos.

58 LAS ACEITUNAS EN LAS ENSALADAS

Ingrediente esencial de varias ensaladas, especialmente de la griega, las aceitunas son un bocado sustancioso y de acentuado sabor. En Grecia se sirven con carozo, pero se puede quitar con un descarozador.

ACEITUNAS VERDES ▷
Se cosechan sin madurar, se ponen en remojo y luego en salmuera.

◁ ACEITUNAS NEGRAS
Son frutos maduros y se ponen en salmuera directamente.

59 MOZZARELLA CON TOMATES PERITA

Para 4-6 porciones

Ingredientes
500 g de mozzarella
6 tomates perita
1 pepino pequeño
Aderezo de vinagreta de hierbas

1 Cortar la mozzarella en láminas delgadas.
2 Quitar el centro de los tomates y cortarlos transversalmente en 6 rodajas cada uno.
3 Pelar el pepino y cortarlo en dados pequeños.
4 Preparar una vinagreta de hierbas con albahaca, ajo, aceite de oliva y vinagre de vino tinto (*véase p. 28*).
5 Alternar rodajas de tomate y mozzarella en platos individuales. Colocar los dados de pepino en el centro de cada porción. Batir el aderezo y rociarlo sobre la ensalada con una cuchara.
6 Dejar reposar durante 20 minutos antes de servir.

PRESENTACIÓN
Decorar con hojas de albahaca fresca para complementar la textura del queso y los tomates.

37

60 ENSALADA DE REPOLLO/COL
Para 8-10 porciones

Ingredientes
500 g de zanahorias
medianas
1 repollo/col blanco
de alrededor
de 1,4 kg
1 cebolla mediana
Aderezo de crema
agria

PRESENTACIÓN
Servir en ensaladeras
individuales y decorar cada
porción con cintas de
zanahoria para dar color y
contraste.

1 Limpiar y pelar las zanahorias. Rallar gruesas todas las zanahorias excepto una, que se reserva para preparar cintas. Lavar el repollo/col y quitar las hojas exteriores marchitas; cortar en cuartos, extraer el centro y rebanar en tiras finas. Colocarlo en un recipiente, agregarle las zanahorias ralladas y mezclar.

2 Pelar y rebanar la cebolla; cortarla en dados pequeños. Agregarla a la zanahoria y el repollo y mezclar. Preparar un aderezo de crema agria (*véase p. 32*) y rociarlo sobre las verduras; revolver bien. Tapar y dejar enfriar en el refrigerador durante 4 horas como mínimo para que los sabores se mezclen. Verificar el sazonado.

61 ENSALADA DE REPOLLO Y MANZANA

8-10 porciones

Ingredientes
4 manzanas para cocer
625 g de ananá
triturado en lata
1 repollo blanco de
alrededor de 1,4 kg
Aderezo lácteo

1 Rallar las manzanas sin quitarles la cáscara. Escurrir el ananá. Mezclar ambas frutas en un recipiente grande.
2 Picar el repollo y agregarlo a las manzanas y el ananá.
3 Preparar un aderezo lácteo con 150 ml de vinagre de manzana, 10 ml (2 cucharaditas) de mostaza en polvo, 250 ml de suero lácteo y 250 ml de mayonesa envasada. Sazonar.
4 Rociar la ensalada con el aderezo y revolver. Dejar enfriar en el refrigerador durante 4 horas.

62 ENSALADA DE REPOLLO BLANCO

8-10 porciones

Ingredientes
1,4 kg de repollo/col blanco
1 cebolla mediana
750 g de repollo/col colorado
Aderezo lácteo

1 Rebanar fino el repollo blanco; cortar la cebolla en dados pequeños.
2 Rebanar el repollo colorado. Poner a hervir agua con sal en una olla grande; cuando rompa el hervor, echar el repollo colorado y cocinar durante 1 minuto.
3 Escurrir el repollo colorado. Sin dejar que se enfríe, rociarlo con 60 ml (4 cucharadas) de vinagre de vino tinto.
4 Preparar el aderezo lácteo como se describe arriba, con el jugo de 3 limones en lugar de vinagre.
5 Poner el repollo blanco y el colorado en un recipiente, rociarlos con el aderezo, mezclar bien y sazonar a gusto.
6 Dejar enfriar en el refrigerador durante 4 horas.

PRESENTACIÓN
Servir en una
fuente grande con
pavo o carne fríos.

63 VERDURAS OTOÑALES
6 porciones

Ingredientes
500 g de zanahorias
45 ml (3 cucharadas) de vinagre de manzanas
5 ml (1 cucharadita) de azúcar
75 ml (5 cucharadas) de aceite vegetal
90 g de pasas de uva
750 g de apio-nabo
175 ml de mayonesa envasada
30 ml (2 cucharadas) de mostaza Dijon, o más si es necesario

1 Limpiar y pelar las zanahorias. Rallarlas gruesas.
2 Preparar el aderezo: batir el vinagre y el azúcar en un recipiente e incorporar gradualmente el aceite. Condimentar a gusto.
3 Añadir las zanahorias y las pasas de uva. Mezclar bien y dejar enfriar en el refrigerador durante 1 hora.
4 Pelar el apio-nabo y cortarlo en tiras delgadas; ponerlo en una olla con agua fría y sal y llevarla al fuego. Cuando rompa el hervor, cocinarlo por uno o dos minutos y escurrirlo bien.
5 En un recipiente grande mezclar la mayonesa con la mostaza. Sazonar a gusto.
6 Agregar el apio-nabo al aderezo de mostaza. Dejar enfriar en el refrigerador durante 1 hora.

PRESENTACIÓN
Servir el apio/nabo en una mitad del plato y las zanahorias con las pasas en la otra.

64 REMOLACHAS CON APIO-NABO

6 porciones

Ingredientes
500 g de remolachas frescas
45 ml (3 cucharadas) de vinagre de manzana
5 ml (1 cucharadita) de azúcar
75 ml (5 cucharadas) de aceite vegetal
10 ml (2 cucharaditas) de semillas de alcaravea
750 g de apio/nabo
175 ml de mayonesa envasada
30 ml (2 cucharadas) de rábano picante fresco o
envasado

1 △ Lavar las remolachas sin pelarlas. Poner al fuego una cacerola con agua fría; cuando hierva, echar las remolachas y cocinarlas hasta que estén tiernas, aproximadamente 40 ó 50 minutos. Escurrirlas bien y pelarlas cuando estén frías. Preparar el aderezo mezclando el vinagre, el azúcar, el aceite y las semillas de alcaravea. Sazonar.

2 ◁ Rallar gruesas las remolachas. Rociarlas con el aderezo mezclando suavemente. Cortar el apio/nabo en tiras finas; poner en una olla con sal y agua fría y llevar al fuego. Después de que alcance el hervor, cocinar durante 1 ó 2 minutos. Escurrir bien y mezclar con la mayonesa y el rábano picante. Condimentar.

PRESENTACIÓN
Disponer la remolacha y el apio-nabo en forma de curvas alternadas, en una fuente grande.

65 VINAGRETA DE PUERROS
4-6 porciones

Ingredientes
6 puerros medianos, alrededor de 1 kg
45 ml (3 cucharadas) de vinagre de
vino blanco
5 ml (1 cucharadita) de mostaza Dijon
175 ml de aceite de cártamo
2 chalotes
Para decorar, 1 huevo y 5-7 ramitos de
perejil

PRESENTACIÓN
*Decorar con perejil, clara picada y yema pasada
por el cedazo, llamada "mimosa" por su parecido
con la flor.*

1 △ Quitar las hojas feas, la raíz y las puntas superiores de los puerros. Cortarlos por la mitad a lo largo pero dejándolos unidos en el extremo de la raíz. Lavarlos bien. Dividirlos en dos manojos y atarlos en las puntas. Hervirlos durante 15-25 minutos.

2 △ Cuando estén tiernos, escurrirlos, enjuagarlos en agua fría y secarlos. Cortarlos en trozos de 7,5 cm de largo; retirar los hilos. Para el aderezo: mezclar el vinagre y la mostaza; añadir el aceite. Cortar los echalotes en cubos y sazonar.

3 Acomodar los puerros en una fuente no muy honda. Batir el aderezo y cubrir los puerros con él. Tapar y dejar marinar en el refrigerador durante 1 hora. Pelar el huevo duro, cortarlo al medio y separar la clara de la yema. Picar la clara y pasar la yema por un cedazo.

4 Disponer los puerros en platos individuales. Picar el perejil y esparcir sobre un papel encerado. Recoger con el filo del cuchillo, y darle a éste unos golpecitos para que el perejil caiga en forma de línea. Repetir con la yema y la clara.

66 CÓMO PREPARAR LOS ESPÁRRAGOS

Si los espárragos son tiernos y de tallos finos, no habrá necesidad de pelarlos antes de cocinarlos. Si los tallos son duros, quitar la piel fibrosa exterior y cortar un poco las puntas inferiores.

ESPÁRRAGOS

67 VINAGRETA DE ESPÁRRAGOS

Lavar y preparar 1 kg de puntas de espárragos. Atarlos en 4-6 manojos y hervirlos de 5 a 7 minutos, hasta que estén tiernos. Preparar el aderezo como se indica en la receta de vinagreta de puerros (véase p. 42) pero usando vinagre de jerez en lugar de vinagre de vino blanco. Decorar con clara y yema de huevo duro picadas.

VINAGRETA DE ESPÁRRAGOS

68 PALTAS CON JAMÓN DE PARMA
4 porciones

Ingredientes
4 pomelos
125 g de jamón de Parma en
lonjas finas
175 g de rúcula/ruqueta
2 paltas/aguacates
Aderezo de semillas de
amapola

PRESENTACIÓN
*Decorar cada porción con tiras
delgadas de cáscara de pomelo y
rociar con aderezo.*

1 △ Quitar la mitad de la cáscara de un pomelo, cortarla en tiras delgadas y hervirla durante 2 minutos. Pelar el resto de los pomelos y desechar la cáscara.

2 △ Sostener cada pomelo con la mano y deslizar un cuchillo a lo largo de los gajos para separarlos de las membranas, dejando caer los gajos en un recipiente; retirar las semillas. Cortar las lonjas de jamón en tiras de 2,5 cm.

3 △ Separar las hojas de rúcula, enjuagarlas, escurrirlas y secarlas bien. Preparar las paltas *(véase p. 25)* y rebanarlas a lo largo en tajadas finas. Pincelar las tajadas con jugo de pomelo para evitar que se oscurezcan *(véase p. 47)*. Reservar.

4 △ Preparar el aderezo *(véase p. 30)*. Rociar las hojas de rúcula con un tercio del aderezo y disponerlas en platos individuales junto con la palta y el pomelo. Doblar el jamón en forma de conos y colocar en el centro. Rociar con el resto del aderezo.

69 PALTAS CON SALMÓN AHUMADO

4 porciones

Ingredientes
Aderezo de semillas de amapola
5 ramitas de eneldo fresco
4 pomelos
2 paltas
175 g de salmón ahumado en lonjas
1 escarola colorada pequeña, de unos 90 g
90 g de rúcula/ruqueta

PRESENTACIÓN
Decorar con ramitas de eneldo fresco y agregar aderezo a gusto.

1 Preparar el aderezo *(véase p. 30)* e incorporar las hojas de eneldo bien picadas.
2 Cortar el pomelo en gajos; rebanar las paltas.
3 Cortar el salmón en tiras de 5 cm.
4 Cortar el tronco de la escarola colorada y descartar las hojas marchitas. Separar las hojas, lavarlas y secarlas bien.
5 Separar, lavar y secar las hojas de rúcula. Impregnar las hojas de rúcula y escarola en el aderezo y disponerlas en la fuente de manera alternada.
6 Colocar el pomelo y la palta encima de las hojas. Formar una rosa con el salmón y colocarlo en el centro.

70 PERAS CON HINOJO Y NUECES
6 porciones

Ingredientes
60 g de nueces en trozos
125 g de queso
Gorgonzola
60 ml (4 cucharadas) de
vinagre de vino tinto
75 ml (5 cucharadas) de
aceite de oliva
1 hinojo grande, de
alrededor de 375 g
3 peras maduras,
aproximadamente 625 g
1 limón

1 Tostar las nueces en el horno a una temperatura de 180°C/gas 4 de 5 a 8 minutos, hasta que estén crocantes.

2 Quitarle la cáscara al queso y desmenuzarlo con los dedos. Poner en un recipiente el vinagre y dos tercios del queso. Incorporar lentamente el aceite batiendo para que el aderezo se emulsione y se espese ligeramente. Agregar el resto del queso. Condimentar a gusto.

3 Quitar los tallos y las partes externas duras del hinojo y cortar a lo largo en tajadas finas.

4 Pelar las peras, cortarlas por la mitad y retirarles el centro.

5 Rebanar las peras en láminas delgadas y exprimir el limón por encima para que el jugo evite que se oscurezcan.

6 Alternar las peras y el hinojo en platos individuales. Rociar con el aderezo de queso Gorgonzola y esparcir las nueces por encima.

PRESENTACIÓN
Adornar con hojitas de hinojo para agregar un toque de color.

71 MANTENER FRESCAS LAS FRUTAS

Las frutas como las peras, las manzanas y las paltas se oscurecen rápidamente cuando se las corta al preparar las ensaladas. Para mantenerlas frescas y atractivas, pincelar las tajadas de fruta con jugo de limón, naranja o pomelo. Verificar que todas las rodajas estén bien cubiertas de jugo por ambos lados.

72 MELÓN SABROSO
6 porciones

Ingredientes
1 melón amarillo grande, de aproximadamente 1,4 kg
2 melones verdes pequeños, alrededor de 1,4 kg
1/2 cebolla colorada
1 naranja
250 ml de yogur natural
15 ml (1 cucharada) de miel

1 Cortar el melón grande a lo largo por la mitad; extraerle las semillas. Cortar cada mitad en tres partes, en forma de cuñas. Quitarles la cáscara procurando no romperla y cortar la pulpa en trozos de 2,5 cm cada una. Colocar los trozos sobre la cáscara y deslizarlos ligeramente para crear un diseño decorativo.

2 Cortar por la mitad los melones verdes y quitarles las semillas. Con la mitad de un melón preparar un recipiente decorativo para el aderezo. Extraer la pulpa del resto de los melones con una cucharilla semiesférica, formando bolitas. Enfriarlas en el refrigerador.

3 Cortar la cebolla colorada en dados muy pequeños. Quitar la cáscara y la película blanca de la naranja siguiendo la curva de la fruta. Trabajando sobre un recipiente para aprovechar el jugo, cortar la naranja en gajos deslizando el cuchillo junto a las membranas; extraer los gajos.

4 Para preparar el aderezo, batir el yogur con la miel y el jugo de naranjas; verterlo en el recipiente hecho con el melón. Decorar con hojitas de perejil.

PRESENTACIÓN
En una fuente grande, disponer los ingredientes alrededor del recipiente con el aderezo.

73 ARROZ PRIMAVERAL

4-6 porciones

Ingredientes

1 limón
200 g de arroz de grano largo
250 g de espárragos tiernos
3 tallos de apio
250 g de salmón ahumado en lonjas

45 ml (3 cucharadas) de vinagre de estragón
10 ml (2 cucharaditas) de mostaza Dijon
175 ml de aceite de cártamo

1 ◁ Hervir agua con sal y añadir el jugo de medio limón y la cáscara. Agregar el arroz y cocinarlo durante 18 ó 20 minutos; escurrir. Quitar la piel de los espárragos y cortar los extremos inferiores duros. Cocinarlos hasta que estén tiernos. Cortar las puntas y usarlas para decorar. Cortar los tallos en trozos de 1,25 cm.

2 △ Quitar las hebras fibrosas de los tallos de apio; cortar los tallos a lo largo en trozos de 7,5 cm de largo, luego cortar cada trozo a lo largo en 2 o 3 tiras. Juntar las tiras y cortarlas formando cubos.

3 △ Con un cuchillo de cocinero, cortar transversalmente las lonjas de salmón ahumado en tiras de 1,25 cm. Preparar el aderezo batiendo el vinagre y la mostaza, incorporando el aceite. Condimentar a gusto.

4 ◁ Separar 30 ml del aderezo. Verter el resto sobre el arroz y agregar los tallos de espárragos, el apio, el salmón y el jugo de medio limón. Mezclar bien y sazonar. Dejar en el refrigerador durante 1 hora.

PRESENTACIÓN
Servir en ensaladeras individuales. Decorar con las puntas de espárragos y pincelar con aderezo.

74 VARIANTES CON ARROZ

El arroz admite un sinfín de combinaciones. El salmón ahumado se puede reemplazar por tiras de trucha ahumada u otro pescado; los espárragos, por chauchas o arvejas. Otra buena opción es agregar tomates cereza, que dan a toda ensalada de arroz un vistoso toque de color.

75 ARROZ DE LA INDIA CON PAVO
8 porciones

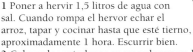

Ingredientes
375 g de arroz de la India
175 g de arándanos
60 ml (4 cucharadas) de azúcar
60 g de pacanas
1 naranja
2 chalotes
60 ml (4 cucharadas) de vinagre de manzana
125 ml de aceite de cártamo
375 g de pavo cocido frío

1 Poner a hervir 1,5 litros de agua con sal. Cuando rompa el hervor echar el arroz, tapar y cocinar hasta que esté tierno, aproximadamente 1 hora. Escurrir bien.

2 Colocar los arándanos en una placa para horno, espolvorearlos con el azúcar y cocinar en horno precalentado a 190_C/gas 5 hasta que comiencen a aumentar de tamaño y a partirse, unos 10 ó 15 minutos si son frescos y un poco menos si son descongelados.

3 Tostar las pacanas en horno precalentado a 180_C/gas 4 hasta que estén crocantes, de 5 a 8 minutos.

4 Pelar la naranja y cortar la cáscara en tiras delgadas. Incorporar la cáscara al agua hirviendo y dejarla 2 minutos; escurrirla y picarla bien. Exprimir la naranja y reservar el jugo.

5 Pelar los chalotes y cortarlos en cubos pequeños; mezclar con el vinagre y el jugo de naranja. Incorporar el aceite batiendo para emulsionar y espesar el aderezo; sazonar a gusto. Añadir los arándanos sin el jugo que soltaron y mezclar bien.

6 Cortar el pavo en tiras diagonales de 1,25 cm.

7 Agregar al arroz la cáscara de la naranja, dos tercios del aderezo de arándanos y las pacanas picadas. Revolver bien y condimentar a gusto.

PRESENTACIÓN
Disponer el arroz en una fuente grande y colocar el pavo en el centro. Rociar con el resto del aderezo.

76 CÓMO PREPARAR LOS POROTOS

Dejar remojar los porotos en agua fría durante toda la noche; escurrir y enjuagar bien. Poner en una olla grande, cubrir bien con agua fría y llevar al fuego sin tapar la olla. Después de que rompa el hervor cocinar durante 10 minutos para que se suelten las toxinas.

Escurrir y poner nuevamente en la olla junto con una cebolla pelada y un ramillete aromático; cubrir con agua fría, tapar la olla y hervir durante 1_ hora, hasta que estén tiernos. Conviene agregarles sal después de cocinarlos, de lo contrario se pueden endurecer.

77 FRIJOLES CON GUACAMOLE

6-8 porciones

Ingredientes
175 g de porotos rojos
175 g de porotos blancos
2 ramilletes aromáticos
2 cebollas aromatizadas con
clavo de olor
Aderezo de ajíes/chiles
750 g de tomates
1 pimiento verde y 1 rojo
1 diente de ajo
3 paltas
4-5 gotas de salsa tabasco
1 lima

1 Poner en remojo los porotos/frijoles secos rojos y blancos por separado. Cocinarlos también por separado, cada uno con un ramillete aromático y una cebolla con clavo de olor.

2 Preparar el aderezo de ajíes/chile (véase p. 29).

3 Escurrir los porotos, enjuagarlos bien con agua caliente y sin dejar que se enfríen mezclarlos con el aderezo en un recipiente grande. Revolver bien y dejar enfriar.

4 Pelar los tomates, extraerles el centro y picarlos en trocitos.

5 Quitar el centro y las semillas de los ajíes; cortarlos en cubos. Agregar los tomates y los ajíes a los porotos; mezclar bien.

6 Para preparar el guacamole, pelar y picar el diente de ajo. Extraer la pulpa de las paltas y mezclarla con el ajo aplastándola contra la pared del recipiente con un tenedor. Agregar una pizca de sal, la salsa tabasco y el jugo de la lima. Revolver bien.

7 En platos individuales, formar un anillo con los porotos y colocar el guacamole en el centro con una cuchara.

PRESENTACIÓN
Decorar con hojas de coriandro fresco y servir inmediatamente.

78 TABBOULEH
6-8 porciones

Ingredientes
210 g de trigo bulgor
1 manojo de perejil
2 manojos de menta
fresca
3 limones
500 g de tomates
3 cebollas de verdeo
125 ml de aceite de oliva
Cacik
Para acompañar:
125 g de aceitunas negras
6-8 panes de pita
medianos

PRESENTACIÓN
*Servir a temperatura ambiente
con un recipiente de cacik. Agregar
las aceitunas y decorar con hojitas de menta.*

1 Poner el trigo bulgor en un recipiente hondo con bastante agua fría hasta cubrirlo por completo. Dejar en remojo durante 30 minutos; luego escurrir bien con un colador para que el tabbouleh no resulte muy espeso.

2 Separar las hojas de perejil de los tallos y picarlas un poco; hacer lo mismo con las hojas de menta.

3 Exprimir los limones; deben rendir alrededor de 125 ml de jugo. Retirar las semillas.

4 Con la punta de un cuchillo pequeño, retirar el centro de los tomates. Cortarlos transversalmente por la mitad, quitarles las semillas y picarlos gruesos.

5 Limpiar y picar las cebollas de verdeo, incluyendo algunas puntas superiores verdes.

6 En un recipiente grande colocar el bulgor, los tomates, las cebollas de verdeo, el perejil, el jugo de limón, el aceite de oliva, dos tercios de las hojas de menta y bastante sal y pimienta. Mezclar bien. Se puede agregar más condimento, perejil o menta si hace falta. Tapar y enfriar.

7 Preparar el cacik (*véase p. 33*). Sazonar a gusto. Dejar enfriar en el refrigerador por lo menos dos horas para que los sabores se mezclen.

8 Servir con panes de pita humedecidos y luego horneados de 3 a 5 minutos.

79 ENSALADA MEDITERRÁNEA

6-8 porciones

Ingredientes

- 250 g de cuscús
- 1 manojo de perejil
- 2 manojos de menta fresca
- 3 limones
- 500 g de tomates
- 3 cebollas de verdeo
- 125 ml de aceite de oliva
- Tzatziki

1 Colocar el cuscús en un recipiente grande y agregarle 250 ml de agua hirviendo, revolviendo rápidamente con un tenedor. Dejar reposar hasta que se hinche, alrededor de 5 minutos.

2 Volcar el cuscús en un colador y escurrirlo bien para que la ensalada no resulte demasiado espesa.

3 Picar el perejil y las hojas de menta.

4 Exprimir los limones; deben rendir aproximadamente 125 ml de jugo. Quitar las semillas.

5 Con la punta de un cuchillo pequeño retirar el centro de los tomates. Cortarlos transversalmente por la mitad, retirarles las semillas y picarlos.

6 Lavar y picar las cebollas de verdeo.

7 Preparar el tzatziki (véase p. 33). Enfriar en el refrigerador durante 2 horas por lo menos para dejar que los sabores se mezclen.

8 En un recipiente grande poner el jugo de limón, el cuscús, los tomates, las cebollas de verdeo, el perejil, el aceite de oliva, dos tercios de las hojas de menta y bastante sal y pimienta. Mezclar bien. Tapar y dejar enfriar en el refrigerador.

PRESENTACIÓN
Servir con tzatziki, aceitunas verdes, panes de pita, menta fresca y rodajas de limón.

80 PASTA CON MEJILLONES
4-6 porciones

Ingredientes
1 kg de mejillones
4 chalotes
175 ml de vino blanco seco
Pimienta
Aderezo de vinagreta de
hierbas
250 g de fusilli (tirabuzones
de pasta)
3 cebollas de verdeo

1 Preparar y raspar bien los mejillones antes de cocinarlos (*véase p. 55*)
2 Pelar y picar los chalotes en cubos pequeños. En una olla grande poner la mitad de los chalotes, el vino y bastante pimienta. Llevar al fuego y dejar que hierva durante 2 minutos.
3 Echar los mejillones a la olla. Tapar y cocinar a fuego fuerte durante 5 ó 7 minutos, hasta que se abran.
4 Colocar los mejillones en un recipiente grande y dejar que se enfríen. Descartar todos los que no se hayan abierto. Retirar los mejillones de las valvas.
5 Preparar un aderezo de vinagreta de hierbas (*véase p. 28*) con perejil, estragón, jugo de limón, ajo y el resto de los chalotes; sazonar. Rociar sobre los mejillones y revolver bien.
6 Hervir la pasta durante 8 ó 10 minutos, hasta que esté tierna pero consistente. Escurrirla y añadirla a los mejillones aderezados.
7 Limpiar y rebanar las cebollas de verdeo en tajadas finas, echarlas por encima de la pasta, mezclar bien y condimentar a gusto.

PRESENTACIÓN
Servir con una rodaja de limón y una ramita de estragón.

81 CÓMO PREPARAR LOS MEJILLONES

Al comprar mejillones hay que verificar que estén cerrados y rechazar los que no se cierren al tocarlos o los que tengan las valvas rotas. Para prepararlos, raspar bien todas las valvas con un cuchillo para quitarles las adherencias, usando el contrafilo para no mellar el filo. Desprender y desechar todos los filamentos o "barbas" de las valvas; luego frotarlas bien bajo el agua fría. Las valvas se deben abrir al cocinarlas; hay que descartar todas las que permanezcan cerradas.

82 PASTA CON VIEIRAS

4-6 porciones

Ingredientes

3 dientes de ajo
2 chalotes
1 manojo fresco de cebollín,
1 de estragón y 1 de perejil
1 limón
125 ml de aceite de oliva
45 ml (3 cucharadas) de crema
500 g de vieiras
250 g de pasta a la espinaca
3 cebollas de verdeo

1 Cortar en dados pequeños el ajo y los echalotes. Picar bien el cebollín, el estragón y el perejil.

2 Exprimir el limón; batir el jugo con los echalotes y la mitad de los ajos. Sin dejar de batir, incorporar el aceite en forma gradual para que el aderezo se emulsione y se espese. Añadir las hierbas y la crema; sazonar.

3 Retirar las vieiras de las valvas, y si es necesario quitar también la excrecencia del costado; enjuagarlas en agua fría y secarlas. Cortar las vieiras grandes en dos redondeles.

4 Calentar 15 ml (1 cucharada) de aceite de oliva en una sartén grande. Agregarle las vieiras y el resto del ajo; condimentar y saltear hasta que esté dorado, 1 ó 2 minutos.

5 Hervir la pasta durante 8 ó 10 minutos. Rebanar las cebollas de verdeo. Escurrir la pasta y mezclarla con las cebollas de verdeo, las vieiras y el aderezo cremoso de hierbas.

PRESENTACIÓN
Servir a temperatura ambiente y decorar cada porción con cebollín.

83 ENSALADA DE POLLO WALDORF

4-6 porciones

Ingredientes

1 cebolla
1 zanahoria
4 tallos de apio, preferentemente con hojas
1 ramillete aromático de 5-6 ramitas de perejil,
2-3 ramitas de tomillo fresco y 1 hoja de laurel
4 pechugas de pollo deshuesadas y sin piel,
aproximadamente 750 g

1 litro de agua
10-12 granos de pimienta
125 g de nueces en trozos
500 g de manzanas verdes para cocer
1 limón
175 ml de mayonesa envasada
175 ml de yogur natural

1 △ Pelar la cebolla y la zanahoria; cortarlas a lo largo en cuartos. Separar las hojas y las puntas superiores de los tallos de apio. Atar el perejil, el tomillo y el laurel. Quitar el tendón de las pechugas.

2 △ Poner agua en una cacerola ancha. Agregar la pimienta, las hojas y las puntas del apio, la cebolla, las zanahorias y el ramillete. Llevar al fuego y cocinar 10 ó 15 minutos. Incorporar el pollo y cocinar 12 minutos más.

3 ◁ Calentar el horno a 180°C/gas 4. Tostar en él las nueces partidas hasta que estén crocantes, de 5 a 8 minutos. Cortar el apio en rebanadas de 5 mm. Dejar enfriar el pollo en el líquido de cocción y desmenuzarlo en trozos de unos 5 cm.

4 △ Quitar los cabos y las pequeñas puntas inferiores de las manzanas, partirlas por la mitad y extraerles el centro. Cortarlas en cubos y colocarlas en un recipiente grande. Cortar el limón por la mitad y exprimirlo sobre las manzanas, rociándolas bien.

5 △ Agregar a las manzanas el pollo, el apio, la mayonesa, el yogur, y dos tercios de las nueces. Mezclar bien, condimentar a gusto, tapar y dejar enfriar en el refrigerador durante 1 hora. Picar ligeramente el resto de las nueces y reservar para decorar.

PRESENTACIÓN
Servir en ensaladeras individuales con las nueces picadas por encima.

84 POLLO TROPICAL
6 porciones

Ingredientes
1 cebolla
1 zanahoria
4 tallos de apio
1 manojo de hierbas aromáticas
1 litro de agua
10-12 granos de pimienta negra
4 pechugas de pollo
deshuesadas y sin piel,
aproximadamente 750 g
1 melón de 500 g
1 papaya de 250 g
1 mango de 375 g
250 ml de yogur
1,25 ml (1/4 cucharadita) de
cardamomo
1,25 ml (1/4 cucharadita) de
coriandro
1 limón

1 Pelar la cebolla y las zanahorias y cortarlas en cuartos. Cortar las hojas y los extremos de los tallos de apio. Preparar un ramillete aromático con perejil, tomillo y laurel.

2 Poner agua en una cacerola grande y echar los granos de pimienta, las verduras y el ramillete de hierbas. Llevarla al fuego; después de que alcance el hervor cocinar durante 10 ó 15 minutos.

3 Quitar el tendón de la parte inferior de las pechugas e incorporarlas a la olla; cocinar durante 12 minutos más.

4 Cortar por la mitad el melón y la papaya. Retirar las semillas y extraer la pulpa con una cucharilla semiesférica, formando bolitas; colocar en un recipiente.

5 Partir el mango por la mitad, cortar la pulpa en cubos y agregarlos al recipiente.

6 Preparar el aderezo con el yogur, el coriandro, el cardamomo y el jugo de limón; condimentar a gusto. Verterlo en el recipiente y mezclar bien.

PRESENTACIÓN
Servir en una fuente grande y decorar con lacitos de limón y hojas de menta.

85 POLLO TERIYAKI
4 porciones

Ingredientes
1,25 cm de raíz de jengibre
1 diente de ajo
125 ml de salsa de soja
30 ml (2 cucharadas) de
azúcar molida
45 ml (3 cucharadas) de vino
de arroz
45 ml (3 cucharadas) de
aceite de sésamo
125 ml de aceite vegetal
1 pimiento rojo
4 pechugas de pollo
deshuesadas y sin piel,
alrededor de 750 g
1 lechuga romana
125 g de brotes de soja

1 Para preparar la marinada, picar bien el jengibre y el ajo. Agregar la salsa de soja, el azúcar, 15 ml de vino de arroz, 15 ml de aceite de sésamo, y 30 ml de aceite vegetal.

2 Para el aderezo, colocar 60 ml de la marinada anterior en otro recipiente y el resto del vino de arroz y del aceite de sésamo. Batir incorporando gradualmente el resto del aceite vegetal. Probar el sabor, sazonar y reservar.

3 Cortar el pimiento en tiras delgadas, agregar al aderezo y dejar que se ablande, de 1 a 2 horas.

4 Quitar los tendones a las pechugas. Colocarlas en una fuente, rociarlas con la marinada, taparlas y ponerlas en el refrigerador durante 1 a 2 horas, girándolas 3 ó 4 veces.

5 Asar al grill las pechugas y pincelarlas cada tanto con la marinada hasta que estén bien doradas, unos 5 ó 7 minutos de cada lado. Una vez cocinadas, dejarlas enfriar y rebanarlas en tajadas finas.

6 Cortar la lechuga en tiras. Colocar los brotes de soja en un recipiente, cubrir con agua hirviendo y dejar reposar durante 1 minuto. Escurrir, enjuagar y escurrir otra vez.

7 Colocar la lechuga y los brotes de soja en un recipiente grande. Agregar el aderezo con el pimiento y revolver bien.

PRESENTACIÓN
Disponer el pollo rebanado en platos grandes, con la ensalada a un costado.

86 ENSALADA DE ESPINACAS
6 porciones

Ingredientes
1/2 pan baguette tipo francés
45 ml (3 cucharadas) de aceite de oliva
1 diente de ajo
2 huevos
500 g de espinacas frescas
250 g de lonjas de tocino
75 ml (5 cucharadas) de vinagre de vino tinto

PRESENTACIÓN
Servir la ensalada en platos individuales, esparcir las claras y las yemas por encima y acompañarla con croutes.

1 Calentar el horno a 200°C/gas 6. Cortar la baguette en rodajas delgadas, pincelarlas con el aceite de oliva y hornearlas hasta que estén tostadas, girándolas una vez, de 7 a 10 minutos.

2 Pelar el diente de ajo, cortarlo por la mitad y frotarlo sobre las tostadas.

3 Preparar los huevos duros y pelarlos; separar las claras de las yemas, picar las claras en cubos pequeños y pasar las yemas por un cedazo. Lavar y secar las hojas de espinaca y colocarlas en un recipiente.

4 Cortar el tocino en tiras, freírlo/saltearlo en una sartén de 3 a 5 minutos, hasta que se dore; agregarlo a las espinacas, incluyendo la grasa. Poner el vinagre en la sartén, hervirlo durante 1 minuto y vertirlo en el recipiente. Mezclar todo muy bien.

87 ENSALADA DE PAPAS YANQUI
6-8 porciones

Ingredientes
1,4 kg de papas nuevas
8 huevos
125 ml de mayonesa
60 ml (4 cucharadas) de
crema agria
45 ml (3 cucharadas) de
vinagre de vino tinto
15 ml (1 cucharada) de
mostaza Dijon
1 manojo pequeño de perejil
1 atado pequeño de
rabanitos
3 tallos de apio
2 pepinos en vinagre
1 cebolla mediana

PRESENTACIÓN
Decorar los platos con
cuñas de huevo duro y
hojitas de perejil.

1 Lavar bien las papas en agua fría.
Si son grandes, cortarlas en trozos
más pequeños. Hervirlas hasta que
estén tiernas, de 15 a 20 minutos.
Escurrirlas.
2 Hervir los huevos durante 10 minutos.
Cortar 4 huevos en cuartos, en forma de cuña, y
reservarlos para decorar; picar el resto.
3 Preparar el aderezo mezclando la mayonesa, la crema, el
vinagre, la mostaza Dijon y las hojas de
perejil. Sazonar.
4 Rebanar en láminas finas los
rabanitos, el apio y los pepinos
(o pepinillos). Picar bien la
cebolla.
5 Colocar las papas en un
recipiente grande y
agregarles el resto de los
ingredientes. Rociar con el
aderezo, mezclar y
condimentar.

88 ENSALADA DE PAPAS SELVA NEGRA
6-8 porciones

Ingredientes
1,4 kg de papas nuevas
1 cebolla colorada chica
45 ml (3 cucharadas) de vinagre
de vino tinto
45 ml (3 cucharadas) de crema
agria
30 ml (2 cucharadas) de mostaza
picante
10 ml (2 cucharaditas) de semillas
de alcaravea
250 ml de aceite de cártamo
7-10 ramitas de perejil
150 g de jamón en lonjas finas

1 Cocinar las papas como se describe en la receta de
arriba.
2 Para preparar el aderezo de vinagre y alcaravea, pelar
y picar bien la cebolla y colocarla en un recipiente
junto con el vinagre de vino tinto, la crema agria y la
mostaza picante; sazonar. Agregar las semillas de
alcaravea, batir e incorporar gradualmente el aceite de
cártamo; sazonar a gusto. Picar el perejil.
3 Rebanar las papas en tajadas finas y colocarlas en un
recipiente grande, rociarlas con el aderezo y revolver
bien.
4 Cortar el jamón en tiras, agregarlo a la ensalada junto
con el perejil y mezclar.

89 ENSALADA CÉSAR
6-8 porciones

Ingredientes
1 lechuga romana grande, de
alrededor de 1 kg
6 dientes de ajo
6 filetes de anchoa
15 ml (1 cucharada) de mostaza
Dijon
Pimienta

El jugo de 1 limón
225 ml de aceite de oliva
1 huevo ó 30 ml(2 cucharadas) de
crema doble
Croutons al ajo, preparados con pan
baguette de ¹/2 día
125 g de queso Parmesano recién
rallado

PRESENTACIÓN
Servir directamente desde
una ensaladera, con el resto del queso
rallado y los croutons por separado.

1 △ Quitar el tronco de la lechuga y cortar las hojas en trozos pequeños. Pelar 3 dientes de ajo y picarlos bien. Escurrir las anchoas, colocarlas en una ensaladera grande y aplastarlas con un tenedor; agregar el ajo, la mostaza, la pimienta y el jugo de limón, mezclando bien. Incorporar 175 ml de aceite y batir. Agregar la lechuga y revolver.

2 △ Cascar el huevo, y mezclar con la preparación. Preparar los croutons como se indica a la derecha. Incorporar la mitad de éstos a la ensalada junto con casi todo el Parmesano y revolver; agregar sal.

90 CÓMO PREPARAR CROUTONS

Los crocantes croutons aromatizados con ajo son un parte esencial de la ensalada César y de muchas otras. Se pueden usar rebanadas de pan de molde, pero es preferible prepararlos con un pan baguette del día anterior.

1 △ Cortar media baguette en rebanadas de 1,25 cm. Apilar unas cuantas y cortarlas en dados sin quitarles la cáscara; proceder igual con el resto del pan. Pelar 3 dientes de ajo.

2 △ Calentar 60 ml de aceite de oliva; agregar los dientes de ajo y el pan. Remover hasta que los croutons estén dorados, unos 2 ó 3 minutos. Poner en un papel de cocina para que absorba el aceite. Retirar los ajos.

91 ENSALADA NIÇOISE
6 porciones

Ingredientes

1 kg de papas
375 g de chauchas/ejotes
Aderezo de vinagreta de hierbas
125 ml de vinagre de vino tinto
7-10 ramitas de tomillo fresco

1 manojo de perifollo fresco
6 huevos
500 g de tomates medianos
2 latas de atún de 200 g cada una
10 filetes de anchoas
125 g de aceitunas negras

PRESENTACIÓN
Disponer los filetes de
anchoa en cruz y las aceitunas dentro de
un aro formado con cuñas alternadas de huevo y tomate.

1 △ Hervir las papas. Cortar las puntas a las chauchas y hervirlas de 5 a 7 minutos. Preparar el aderezo con el tomillo y el perifollo picados y el vinagre *(véase p. 28)*.

2 △ Hervir los huevos durante 10 minutos; pelar y cortar en cuartos, en forma de cuña. Pelar los tomates *(véase p. 19)* y cortar en gajos. Escurrir el atún y las anchoas.

3 △ Desmenuzar el atún con un tenedor e incorporar 75 ml de aderezo. Colocar las papas en una fuente redonda grande. Mezclar las chauchas con 45 ml de aderezo; colocar en el centro y agregar el atún por encima.

4 △ Colocar cuñas alternadas de huevo duro y tomate sobre el atún y acomodar el resto alrededor del borde de la fuente, formando un aro. Batir vigorosamente el aderezo restante y rociarlo sobre la ensalada.

92 ATÚN FRESCO NIÇOISE

Cortar en cubos 1 kg de atún fresco; insertar estos en 6 brochetas, alternando con gajos de tomate. Marinar en aderezo de hierbas *(véase p. 28)* durante 1 hora. Sazonar y asar al grill durante 2 minutos; girar los cubos, mojarlos en la marinada y llevarlos al grill durante 2 minutos más. Preparar la ensalada como se describe arriba. Poner los kebabs de atún por encima, rociar con aderezo y servir.

93 LANGOSTINOS CON ZAPALLITOS
6 porciones

Ingredientes
Unas pocas hebras de azafrán
30 ml (2 cucharadas) de agua caliente
2 limones
6 dientes de ajo
60 ml (4 cucharadas) de vinagre de vino blanco
250 ml de aceite de oliva
60 ml (4 cucharadas) de alcaparras
500 g de zapallitos largos
18 langostinos jumbo sin pelar

PRESENTACIÓN
Acomodar los zapallitos en el centro de cada plato con los langostinos alrededor.

1 Poner las hebras de azafrán en un recipiente mediano y vertir encima el agua caliente. Dejar reposar 5 minutos.
2 Exprimir los limones. Pelar los dientes de ajo y picarlos gruesos. Agregar al azafrán el jugo de los limones, el ajo, el vinagre, el aceite de oliva y las alcaparras; sazonar y mezclar bien, aplastando las alcaparras para que suelten la esencia.
3 Limpiar los zapallitos, cortarlos por la mitad y rebanarlos en láminas finas.
4 Colocar los zapallitos en un plato y rociarlos con dos tercios de la marinada, mezclándolos bien para que se impregnen. Dejarlos macerar en el refrigerador durante 3 ó 4 horas.
5 Preparar los langostinos (*véase p. 67*). Ponerlos en un recipiente y rociarlos con la marinada restante, revolviendo para que se cubran. Tapar y dejar macerar en el refrigerador durante 3 ó 4 horas.
6 Poner los zapallitos en una sartén y cocinarlos hasta que estén tiernos, de 3 a 5 minutos.
7 Colocar los langostinos en una bandeja para grill, con el corte hacia arriba. Pincelarlos con la marinada, echarles encima las alcaparras con una cuchara y asarlos al grill durante 3 ó 4 minutos hasta que estén rosados y chisporroteantes.

94 LANGOSTINOS CON CHAMPIÑONES
6 porciones

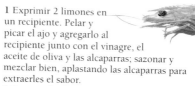

Ingredientes
3 limones
6 dientes de ajo
60 ml (4 cucharadas) de
vinagre de vino blanco
250 ml de aceite de oliva
60 ml (4 cucharadas) de
alcaparras
18 langostinos jumbo sin
pelar
375 g de champiñones

1 Exprimir 2 limones en un recipiente. Pelar y picar el ajo y agregarlo al recipiente junto con el vinagre, el aceite de oliva y las alcaparras; sazonar y mezclar bien, aplastando las alcaparras para extraerles el sabor.

2 Preparar los langostinos como se describe más abajo. Colocarlos en un plato y rociarlos con un tercio de la marinada, cubriéndolos bien. Taparlos y dejarlos marinar en el refrigerador durante 3 ó 4 horas.

3 Limpiar los champiñones con un papel de cocina humedecido y cortar las partes feas de los tallitos. Poner sobre el fuego una cacerola pequeña con agua y sal; cuando rompa el hervor echar los champiñones y cocinarlos de 5 a 7 minutos. Escurrirlos, enjuagarlos y escurrirlos nuevamente.

4 Agregar los champiñones al resto de la marinada, revolver y dejar macerar en el refrigerador 3 ó 4 horas.

5 Colocar los langostinos en una bandeja para grill, con el corte hacia arriba. Pincelarlos con la marinada, agregar encima las alcaparras con una cuchara y asar en el grill durante 3 ó 4 minutos, hasta que estén rosados y chisporroteantes. Servir de inmediato, sin enfriar.

PRESENTACIÓN
Decorar cada plato con una rodaja de limón y hojitas de perejil.

95 CÓMO PREPARAR LOS LANGOSTINOS

Sobre una tabla de picar, sostener un camarón con la parte inferior hacia arriba. Dejando la cola intacta, cortar a lo largo por la mitad para que se abra en forma de mariposa. Quitar la vena intestinal oscura que tiene en el dorso. Proceder igual con todos los langostinos. Enjuagarlos bien bajo el agua corriente fría y colocarlos sobre papel de cocina para que se sequen.

LOS SECRETOS
DE LAS ENSALADAS

96 DECORACIÓN DE LAS ENSALADAS

Los platos de ensalada se realzan mucho si se los presenta con una decoración atractiva y vistosa, con adornos que añaden color y variedad, como coronitas de cítrico, hojas hechas con manzana, lacitos de limón, rosas de salmón o tomates "cherry" con hojas de menta.

■ Para preparar medialunas de pepino, hacer estrías verticales todo a lo largo de la cáscara, formando un borde acanalado. Si la cáscara tiene abrillantadores artificiales, hay que quitarla por completo. Luego, cortar el pepino por la mitad a lo largo, retirarle las semillas y rebanarlo transversalmente en tajadas finas. Disponer las medialunas en forma de abanico.

LACITOS DE LIMÓN
Rebanar un limón en rodajas finas y quitarle las semillas. En cada rodaja hacer un corte radial desde el centro hacia el borde, abrirla y retorcerla ligeramente en el corte.

97 GUARNICIONES PARA ENSALADAS

Para complementar, nada mejor que utilizar ingredientes que acentúen el sabor propio de la ensalada. Las hierbas frescas, la cáscara de algunos cítricos y verduras, los huevos duros, unas tiritas tostadas de tortilla, las rosas de tomate o rabanito, las frutas silvestres y las nueces tostadas dan un aspecto muy agradable y apetitoso a los platos. Como acompañamiento, servir croutons fritos y queso rallado o en hebras.

DECORACIÓN CON FLORES

98 PINZAS PARA ENSALADA

Las pinzas especiales para servir ensaladas, diseñadas especialmente para revolver los ingredientes en un recipiente, consisten en un tenedor de tres dientes y una cuchara poco profunda, ambos de madera. Si no se tienen pinzas especiales, usar dos cucharas de madera. No es conveniente emplear utensilios de metal porque este reacciona con la acidez del aderezo de vinagreta, a diferencia de las pinzas de madera, que absorben los diferentes sabores.

Mezclar la ensalada con pinzas de madera

99 LA ENSALADERA DE MADERA

Para mezclar ensaladas se puede utilizar casi cualquier recipiente, siempre que no sea de aluminio o enlozado que, al igual que los utensilios, reaccionan con la acidez de la vinagreta. Los mejores son los de madera, porque se impregnan con el aderezo y pronto adquieren un aroma propio.

100 ¿UNA ENSALADERA O VARIAS?

La mayoría de las ensaladas se pueden servir en una ensaladera grande, pero algunas, conocidas como ensaladas "compuestas", deben presentarse en forma separada, en ensaladeras individuales, para que tengan un aspecto más vistoso.

CONJUNTO DE
ENSALADERAS

101 CONSERVACIÓN DE LAS ENSALADAS

La mayoría de los ingredientes de las ensaladas se pueden preparar con antelación. La lechuga y otras verduras de hoja, lavadas y cortadas, duran hasta un día en el refrigerador, envueltas apenas en un repasador húmedo. No es aconsejable aderezar las verduras de hoja mucho tiempo antes de servirlas, pues la acidez del aderezo las marchita. Los vegetales de raíz, como las zanahorias y las papas, son más robustas y se pueden preparar y aderezar algunas horas antes de servir.

ÍNDICE TEMÁTICO

71

AGRADECIMIENTOS

Dorling Kindersley desea agradecer a Hilary Bird por la compilación del índice, a Isobel Holland por la corrección de pruebas, a Pat Alburey por la ayuda editorial y a Mark Bracey por el asesoramiento con la computadora.

Fotografías
Todas las fotografías son de David Murray y Jules Selmes.